Krippenkinder in Aktion

10 tolle Mini-Projekte

Tiere, Blumen, Klänge, Farben & Co

Praxisreihe Kindergarten

Inhalt

Biene, Maus und Fuchs – Tiere in Wald und Garten

Von Apfel bis Zitrone – Schmeck- und Spielideen mit Obst

Matschen, rühren, schütten – Materialerfahrungen mit allen Sinnen

Unser Wasser – Ein klatschnasses Miniprojekt

Blätter und Blumen – Naturerfahrung hautnah

Miniprojekte

für Kinder unter 3 Jahren

Projektarbeit, das auch noch? Na klar – und zwar mit ganz viel Spaß und Neugier! Gerade Kinder unter drei Jahren profitieren von Projektarbeit besonders. Aber es gibt Voraussetzungen dafür wie beispielsweise ein entsprechender Personalschlüssel und genügend Zeit. Sind diese Bedingungen erfüllt – und sei es auch nur ein- bis zweimal die Woche –, steht dem gemeinsamen Entdecken nichts mehr im Weg.

KEINE ZEIT FÜR PROJEKTE?

Der Alltag in der Krippe kann zeitweise intensiv und herausfordernd sein. In Infektionszeiten, wenn pädagogische Fachkräfte erkrankt sind, in Ferienzeiten oder wenn die Kinder krank in die Krippe kommen: Nicht immer ist genügend Zeit da, um neben Wickeln, Essen, Schlafen, Händewaschen, Elterngesprächen, Beobachtung und Dokumentation, Team-Nachmittagen und vielem mehr auch noch an Projekte zu denken. Völlig verständlich: Es gibt in solchen Zeiten Wichtigeres. Aber es gibt auch Zeiten, in denen Sie vielleicht auf Interessen der Kinder aufmerksam werden. Vielleicht entdecken die Kinder bei einem Spaziergang ein Tier oder eine Pflanze oder sie hören/sehen in den Medien etwas, das sie fasziniert. Vielleicht haben Ihre Kinder gerade besonders viel Spaß daran, Geräusche und Töne zu erzeugen, zu trommeln, Gegenstände gegeneinander zu schlagen? Oder Ihre Kinder lernen gerade, sich zunehmend allein an- und umzuziehen? Alle diese kleinen Themen, Funde und Entdeckungen des Alltags können schon Auslöser für Projekte sein.

PROJEKTE FÜR KRIPPENKINDER SIND „ANDERS“

Werkzeuge erkunden, den eigenen Körper erforschen, Tiere und Pflanzen in der unmittelbaren Umgebung kennenlernen: Projekte für Kinder unter drei Jahren orientieren sich nicht nur an den Interessen und der Neugier der Kinder, sondern auch an ihrer besonderen Wahrnehmung: Die Sinne, sowohl die Gesichtssinne Hören, Sehen, Riechen, Schmecken als auch die Körpersinne, sollten immer mitgedacht werden.

Sie brauchen sicher viel mehr Zeit und Raum für Projektarbeit und nicht immer – oder eher nie – werden Sie eine ergebnisorientierte Projektplanung einhalten können –, und genau das sollen Sie auch gar nicht. Die Vorschläge in diesem Heft sind dazu gedacht, ein Projekt in Schwung zu bringen: Sie bieten Anregungen und Ideen für das Anschieben eines Projekts, das sich an den beobachteten Interessen der Kinder orientiert. Der große oder kleine Rest des Projekts wird dann von den Kindern und von Ihnen als pädagogischer Fachkraft ergänzt, selbst wenn Sie Ihr Projekt nur ein- oder zweimal in der Woche mit einer kleinen Gruppe von Kindern aufgreifen und selbst wenn Sie an einem Tag nur zehn Minuten lang Zeit dazu haben. Viele Ideen und Vorschläge aus diesem Heft brauchen gar nicht viel mehr Zeit. Und trotzdem ermöglichen Sie mit der Projektarbeit etwas, das im trubeligen Alltag oder zu Hause vielleicht untergehen könnte: kognitive und kulturelle Bereicherung. Auch Kinder unter drei Jahren lassen sich gern zu neuen Entdeckungen und Erfahrungen verführen, widmen sich gern einem Thema über mehrere Tage und Wochen hinweg. Denn auch die Konstanz eines Themas kann dazu dienen, die Weltsicherheit der Kinder durch Wiederholung zu festigen.

DIE NEUGIER DER KINDER AUFNEHMEN

Kognitive und motorische Anregung ist für Kinder unter drei Jahren wichtig. Schon im jungen Alter bilden sich neuronale Netze im Gehirn aus, die durch vielseitige Erfahrungen aktiviert und verstärkt werden. Erfahrungen mit allen Sinnen, mit dem eigenen Körper, aber auch mit dem Gehirn durch Nachdenken, das Spielen mit neuen, ungewohnten Spielzeugen und dem sogenannten Nichtspielzeug, beispielsweise Korken, Kissen, Decken usw.: All das ist wichtig für die körperliche, seelische und kognitive Entwicklung der Kinder. Gerade Projekte, die es den Kindern erlauben, ihre Interessen durch Nachfragen, durch Entdecken, Kreativsein und Spielen zu vertiefen, leisten hier einen Beitrag. In diesem Heft stellen wir Ihnen darum Projekte vor, die die typischen Entdeckungen, Erfahrungen und Interessen von Kindern unter drei Jahren aufgreifen und spielerisch vertiefen. Da die Projekte sehr kurz sind, können Sie auch mehrere Projekte miteinander verbinden, beispielsweise die Miniprojekte „Meine Hände können viel", „Spiele für die Füße" und „Matschen, rühren, schütten" oder „Blätter und Blumen", „Tiere in Wald und Garten" und „Den Farben auf der Spur". Am Ende fast jedes Kapitels bekommen Sie weiterführende Ideen für das jeweilige Projekt oder eine Ideenseite für noch mehr Inspiration und Projektfreude.

Klecksen, Stempeln, rätseln

Den Farben auf der Spur

Mit kleinen „Werkzeugen" Spuren hinterlassen: Für Kinder unter drei Jahren steht hier nicht nur das kreative Tun im Fokus, sondern auch die Selbstwirksamkeitserfahrung: Ich kann Spuren hinterlassen, etwas gestalten, mich ausdrücken. In diesem Kapitel geht es um Farben, das Stempeln und Tupfen, um Fuß- und Handspuren und darum, wie schön das Spielen und Kreativsein mit Farbe ist.

Ab 1 Jahr

Farben-Memory

Ein Memoryspiel selbst gemacht

Schwuppdiwupp ist dieses kleine Memoryspiel fertig. Die Kinder können es selbst herstellen und Sie haben ein tolles Spiel zur Hand, das die Kinder immer wieder neu spielen können.

MATERIAL Fingerfarben in Rot, Gelb, Grün, Blau, Orange, Violett, Braun, Schwarz, Grau ▪ Blanko-Memorykärtchen (gekauft oder selbst gemacht) aus dickem Papier oder Pappe ▪ Nach Wunsch: Laminiergerät und Laminierfolie, Schachtel oder Schuhkarton

Die Kinder bemalen mit den Fingern immer zwei Karten auf einer Seite in der gleichen Farbe, die Rückseite bleibt unbemalt. So erhalten Sie zwei Kärtchen mit einer Seite mit gelben Farbspuren, zwei Kärtchen mit Rot, zwei mit Blau usw. Lassen Sie alle Karten gut trocknen. Es ist nicht wichtig, was genau auf den Karten zu sehen ist, es kann nur ein Klecks oder ein Tupfer oder Pinselstrich sein, nur die Farbe zählt. Zur besseren Haltbarkeit können Sie die Karten laminieren und später in der Schachtel aufbewahren.
Die Kinder können alle Kärtchen zunächst sortieren und benennen. Dann können die Kinder sie mischen und mit der Farbseite nach unten auslegen. Nun können sie ein Spiel nach den Memoryspielregeln spielen.

TIPP Statt mit den Fingern können die Kinder die Farbe auch mit Pinseln, Schwämmchen oder Stempeln auftragen. Schneiden Sie beispielsweise Spülschwämmchen in eine Form, zum Beispiel eine Herzform, und lassen Sie die Kinder damit stempeln.

Förderschwerpunkt: Kreativitätsentwicklung · visuelle Wahrnehmung

Simsalabim, wie kommt denn das?

Ab 2 Jahren

Ein Farbenzauber-Reim zum Mitmalen

Gelb und Blau kennenlernen: Das macht den Kindern bestimmt Spaß. Aber was passiert eigentlich, wenn diese beiden Farben Freunde werden und sich ganz liebhaben?

MATERIAL Blaue Fingerfarbe · Gelbe Fingerfarbe · Nach Wunsch: Pinsel und Malpapier

Dieses Spiel können Sie auf zwei Arten spielen: Als Fingerspiel tupfen die Kinder eine Fingerspitze in die gelbe und eine Fingerspitze der anderen Hand in die blaue Fingerfarbe. In der ersten Strophe zeigen sie den gelben Finger, in der zweiten den blauen, in der dritten Strophe drücken sie beide Finger gegeneinander und beobachten, welche Farbe jetzt entsteht.
Nicht alle Kinder möchten Farben mit den Fingern direkt berühren. Sie können die Kinder auch mit Pinsel und Malpapier den Reim mitmachen lassen: Dann einfach mitmalen wie im Text vorgegeben und am Ende über die neu entstandene Farbe staunen: Grün!

Diese Farbe hat die Sonne,
hell und schön und voller Wonne.
Genau: Gelb, hurra!

Diese Farbe hat der Himmel hoch oben,
an dem die Vögel und Wolken toben.
Genau: Blau, hurra!

Gelb und Blau, die hatten sich lieb,
mischten sich zusammen – und jetzt ratet, was blieb?
Genau: Grün, hurra!

Förderschwerpunkt: Feinmotorik · visuelle Wahrnehmung

Ab 1 Jahr

Lauter Löwenzähne

Kunst mit Handabdrücken und Bürsten

Löwenzahn blüht fast das ganze Jahr über. Hier lassen die Kinder die Pflanze mit Klatsch und Patsch entstehen, indem sie einfach mit ihrer Hand (und einer ausrangierten Spülbürste) drucken.

MATERIAL Stabiles Malpapier • Fingerfarben in Gelb und Grün • Pinsel • Spülbürste • Stifte

Die Kinder bestreichen ihre Handflächen samt Fingern mit grüner Fingerfarbe. Nun drückt das Kind seine Hand mehrmals an fast der gleichen Stelle auf ein stabiles Malpapier. Das Kind kann seine Hand dabei immer an der gleichen Stelle ansetzen, aber immer ein bisschen drehen, sodass ein buschiger Löwenzahnblätterstrauß entsteht. Mit dem Finger oder einem Pinsel eine lange Linie als Stängel daraus hervorgucken lassen und das Grün kurz trocknen lassen. Mit der Spülbürste dann in das Gelb tupfen und eine gelbe Löwenzahnblüte auf den Stängel drücken.

TIPP Mit den Löwenzahn-Abdruckbildern können Sie auch einen Geburtstagskalender gestalten. In die Löwenzahnblüten der Kinder kleben Sie dann jeweils ein Bild des Kindes und schreiben unten am Löwenzahn das Geburtsdatum dazu.

Förderschwerpunkt: Kreativitätsentwicklung • Feinmotorik

Rot, Grün, Gelb

Ein Farben-Springlied

Ab 2 Jahren

Dieses Spiel eignet sich am besten für ältere Krippenkinder, die schon relativ sicher die Farben benennen können. Jüngere Kinder können ebenfalls mitmachen, dann beispielsweise an Ihrer Hand.

MATERIAL Straßenkreide oder Klebeband in Grün, Gelb und Rot, ersatzweise Farbkärtchen

Malen Sie mit Kreide oder kleben Sie mit farbigem Klebeband drei Kreise oder Quadrate auf den Boden. Ersatzweise können Sie große laminierte Farbkärtchen auslegen. Wie heißen diese Farben? Wissen die Kinder, wo das Grün liegt? Wenn Sie alle Farben durchgegangen sind, können Sie diese Strophen zu einer selbst ausgedachten Melodie oder ungefähr zur Melodie von „Backe, backe, Kuchen" singen. Bei „schnell" springen die Kinder auf die richtige Farbe. Sie können sie dazu auch an die Hand nehmen.

So sind die Zitronen,
wunderschön und hell.
Und auch Sonnenblumen,
darauf spring ich schnell.

So sind die Tomaten,
wunderschön und hell.
Und auch Blut und Rosen,
darauf spring ich schnell.

So sind Gras und Blätter,
wunderschön und hell.
Und auch das Gemüse,
darauf spring ich schnell.

Förderschwerpunkt: Motorik · Aufmerksamkeit · Wissen über Farben

Ab 2 Jahren

Die gelbe Klammer

Ein Kreisspiel zum Farbenlernen

Bei diesem Spiel fördern die Kinder ihre Feinmotorik beim Anheften von Wäscheklammern. Gleichzeitig lernen sie die Farbennamen und schärfen ihre visuelle Wahrnehmung sowie die Konzentration.

MATERIAL 1 gelbe, 1 rote, 1 blaue, 1 grüne, 1 rosafarbene, 1 weiße Wäscheklammer (beispielsweise angemalte Holzwäscheklammern) • Körbchen zur Aufbewahrung

Setzen Sie sich mit den Kindern in einen Kreis und stellen Sie das Körbchen mit den farbigen Wäscheklammern in die Mitte. Singen Sie das Farbenlied (einfach zur Melodie von „Alle meine Entchen"). Am Ende kann ein Kind blind in das Körbchen greifen und eine Klammer herausfischen. Welche Farbe ist das? Wissen das die Kinder? Falls das Kind eine gelbe Klammer gezogen hat: Wer kann die gelbe Klammer an einem gelben Gegenstand oder an einem gelben Kleidungsstück eines der Kinder im Kreis anklammern? Dazu können sich alle gemeinsam umschauen. In der nächsten Runde ist ein anderes Kind an der Reihe.

Alle meine Farben
liegen hier im Korb,
liegen hier im Korb,
eine hol ich raus,
dann ist die Klammer fort:
Gelb!

Förderschwerpunkt: Feinmotorik • Wissen über Farben • visuelle Wahrnehmung

WEITERFÜHRENDE IDEEN MIT FARBEN

- **Zuordnungsspiele:** Unterschiedlich bunte Märchenwolle-Bäusche in die entsprechend farbigen Becher sortieren, beispielsweise mit Zangen oder Pinzetten.
- Das **Spiel** „Ich sehe was, das du nicht siehst" trainiert ebenfalls die Farbennamen.
- **Quiz:** Stellen Sie Fragen wie „Welche Farbe hat ein Marienkäfer/eine Zitrone/der Himmel ...?".
- **Greif-Quiz:** Legen Sie viele bunte Stifte auf den Tisch. Rufen Sie eine Farbe aus, beispielsweise „Grün!". Wer kann ganz schnell einen grünen Stift herausfischen?

Töne und Geräusche

Projektideen mit Musik und Klang

Geräusche machen, Klänge erzeugen, Tönen lauschen: Für Kinder unter drei Jahren besteht die Welt aus Klang. Erste Erfahrungen mit Klang und Musik warten in diesem Miniprojekt auf Sie und die Kinder. Dabei geht es aber nicht (nur) um Musikerfahrung, sondern auch um die Freude am Erzeugen von Geräuschen, Tönen und Klängen – und ums Ausprobieren.

Ab 1 Jahr

Unser Körper macht Musik

Ein Stampf- und Trippelreim

Dieses Lied zu einer bekannten Melodie lässt sich ganz leicht nachtanzen – oder einfach mit Stampfen und Trippeln begleiten. So können die Kinder mit dem eigenen Körper Musik machen.

MATERIAL Bilder von Elefanten und Mäusen oder ein Bilderbuch darüber (ersatzweise Videos oder Bilder von beiden Tieren aus dem Internet)

Schauen Sie mit den Kinder Elefanten und Mäuse an. Finden Sie dabei gemeinsam heraus, dass die Elefanten ganz große und die Mäuse ganz winzige Tiere sind. Singen Sie das Lied zur Melodie von „Brüderchen, komm tanz mit mir".

Mit jüngeren Kindern können Sie zur ersten Strophe laut stampfen (ganz junge Kinder können auf Ihrem Arm mitmachen), zur zweiten Strophe (ganz leise singen) trippeln oder schleichen Sie.

Mit älteren Krippenkindern können Sie mehr Tanzbewegungen einbauen: zuerst an den Händen fassen und eine Runde im Kreis stampfen, dann anhalten und zur dritten Zeile erst mit dem einen, dann mit dem anderen Fuß stampfen und zum Schluss dreht sich jedes Kind einmal um sich selbst. In der zweiten Strophe dann entsprechend leise auftreten und leise singen.

Elefanten stampfen rum,
trampeln hier im Kreis herum.
Einmal stampf, einmal mampf,
und dann drehen, dideldum.

Kleine Mäuse schleichen rum,
trippeln hier im Kreis herum.
Einmal tripp, einmal trapp,
und dann drehen, dideldum.

Förderschwerpunkt: Körpererfahrung · auditive Wahrnehmung · Musikerfahrung

Wir gehen heut im Kreis herum

Ab 2 Jahr

Musik und Bewegung verbinden

Dieses Mitmachlied verbindet Singen und Musik mit Bewegung, Tanz und Lachen. So können die Kinder eine bekannte Melodie mit dem ganzen Körper erfahren.

Stellen Sie sich mit den Kindern in einen Stehkreis. Zur Melodie von „Dornröschen war ein schönes Kind" führen Sie mit den Kindern einfach die Bewegungen im Text aus. Auf diese Weise ist das Lied ein echter Bewegungsbringer, bei dem die Kinder auch mal aus der Puste kommen können.

Wir gehen heut im Kreis herum, Kreis herum, Kreis herum.
Dann drehen wir uns alle rum, alle rum.
mit den Kindern im Kreis gehen, danach in die andere Richtung drehen

Jetzt gehen wir verkehrt herum, kehrt herum, kehrt herum,
da fallen fast die Kinder um, Kinder um.
in der anderen Richtung im Kreis gehen, ältere Kinder können auch das Rückwärtsgehen ausprobieren

Da setzen wir uns lieber hin, lieber hin, lieber hin.
Und stehen wieder auf geschwind, auf geschwind.
hinsetzen und schnell wieder aufstehen

Dann trampeln wir im Stampfeschritt, Stampfeschritt, Stampfeschritt,
da machen alle Kinder mit, Kinder mit.
stampfend im Kreis gehen oder einfach fest mit beiden Beinen auf den Boden stampfen oder trampeln

Förderschwerpunkt: Körperwahrnehmung · Motorik · Ausdauer · Musikerfahrung

Ab 2 Jahren

Die Schnecke und der Hüpfer

Ein Trommel-Bewegungsgedicht

Erste Erfahrungen mit schnell und langsam machen die Kinder in diesem Trommelgedicht.

Lesen Sie das Gedicht vor und trommeln Sie in den Strophen, in denen von der Schnecke die Rede ist, ganz langsam. Bei den Grashüpferversen trommeln Sie schnell. Die Kinder machen mit Bewegungen mit, wie im Text vorgegeben. Statt die Reime mit Finger- und Handbewegungen zu begleiten, können die Kinder auch dazu gehen, laufen oder tanzen.

MATERIAL
1 Handtrommel

Es war einmal ein **gemütliches** Tier,
ganz langsam kroch es, das sage ich dir.
Das war die Schnecke Schnirkelschnack,
ihr Häuschen trug sie huckepack.
mit Zeigefinger und Daumen die Schnecke zeigen,
langsam vormachen, wie sie kriecht

Und es war einmal ein **schnelles** Tier,
blitzschnell konnte es springen, von mir zu dir.
Das war der Grashüpfer Schwingelbein,
der wollte nicht alleine sein.
mit einer Hand das Hüpfen vormachen

Er rief die Schnecke Schnirkelschnack:
„Komm doch mal her, und zwar zack, zack!"
Die kroch so langsam durch den Garten,
da musste der Hüpfer lange warten.
das Rufen nachmachen: Hand an den Mund legen,
dann langsame Fingerbewegungen für die Schnecke

Dann endlich trafen sich die zwei
und schwangen im Tanz das kleine Bein.
Langsam und schnell und wieder zurück.
Das war ein großes Freunde-Glück.
die eigenen Beine bewegen, zuerst langsam,
dann schnell, zum Schluss applaudieren

Förderschwerpunkt: Körpererfahrung · Musik-/Rhythmuserfahrung

Suse, liebe Suse

Ein altes Kinderlied etwas anders

Ab 2 Jahren

Zu diesem neuen Songtext mit gleicher Melodie können die Kinder die passenden Bewegungen mitspielen.

MATERIAL Nach Wunsch: Fotos von Marienkäfern, Enten- und Hühnerküken

Setzen Sie sich mit den Kindern in einen Kreis auf den Boden. Die Kinder können im Sitzen (ab 1 Jahr) mitspielen oder sich hinstellen. Nach Wunsch können Sie mit den Kindern zuvor die Bilder von den Hauptakteuren betrachten und benennen.

Suse, liebe Suse, was raschelt im Stroh?
Das sind die kleinen Käfer, die sind hier so froh.
Die krabbeln umher, sagen sich auch „Hallo!",
Suse, liebe Suse, die krabbeln im Stroh.
Die Kinder krabbeln als Käfer auf dem Boden – oder krabbeln mit der Hand über den Boden, bei „Hallo" winken sie sich zu.

Suse, liebe Suse, was raschelt im Stroh?
Das sind die kleinen Enten, die sind hier so froh.
Die drehen sich im Kreise und fallen dann um,
Suse, liebe Suse, da macht es laut: Bumm!
Die Kinder machen das Entenwatscheln mit dem Körper oder den Händen nach und lassen sich dann nach Wunsch nach hinten umfallen.

Suse, liebe Suse, was raschelt im Stroh?
Das sind die kleinen Küken, die sind hier so froh.
Die schlummern gemütlich und kuscheln sich ein,
Suse, liebe Suse, lass uns leise sein.
Die Kinder kuscheln sich auf dem Boden zusammen und sind ganz leise oder machen „Pst!".

Förderschwerpunkt: Musikerfahrung · Körperwahrnehmung · Bewegungsfreude

Ab 1 Jahr

Die Tiere haben Hunger

Ein Klangreim mit laut und leise

Auch Tiere machen Musik: Laut und leise und Tierlaute kommen in diesem Klangreim vor. Wissen die Kinder, wie Tiere rufen? In dieser Idee können Sie es vormachen.

MATERIAL Nach Wunsch: Fotos oder Bilder von den Tieren (Kuh, Katze, Ziege, ...)

Setzen Sie sich mit den Kindern in einen Kreis und betrachten und benennen Sie gemeinsam die Tiere. Sprechen Sie den Vers. Zu Beginn sind alle ganz leise, am Ende können die Kinder vormachen, wie die Kuh macht. So können Sie viele weitere Strophen anhängen und weitere Tiere mit ihren typischen Lauten einbauen.

In der Nacht ist es ganz still,
weil jeder jetzt noch schlafen will.
Doch bald werden die Tiere wach
und dann geht's los mit ganz viel Krach.
Die **Kühe** muhen laut herum,
ein bisschen Futter wär' nicht dumm.
Muh, muh!

Weitere Strophen

Die **Katzen** miauen laut herum ... Miau, miau!
Die **Schweine** grunzen laut herum ... Grunz, grunz!
Die **Ziegen** meckern laut herum ... Mäh, mäh!

Förderschwerpunkt:
Auditive Wahrnehmung · Wissen über Tiere · Tierlaute

Weiterführende Ideen mit Musik, Tönen und Klängen

- **Geräusche-Quiz:** Spannen Sie ein großes Tuch an eine Wäscheleine oder stellen Sie eine Kartonwand auf. Einige Kinder nehmen dahinter Platz und machen Geräusche, beispielsweise mit bekanntem Spielzeug o.Ä. Können die anderen Kinder die Geräuschquellen erraten?
- **Hoch und tief:** Singen oder spielen Sie eine langsame Melodie. Bei hohen Tönen sollen sich die Kinder recken und groß machen, bei tiefen Tönen in die Hocke gehen oder (bei ganz tiefen Tönen) sich auf den Boden legen.
- **Freier Tanz:** Zur Musik können die Kinder sich frei bewegen und sie mit dem Körper spüren. Mit Schellenbändern oder -kränzen können die Kinder erfahren, wie ihre Bewegung die Musik untermalen kann.

An-, aus- und umziehen

Spiele mit unserer Kleidung

Selbst und allein an-, aus- und umziehen: Das müssen Ihre Krippenkinder noch nicht können. Sie können sich aber dafür interessieren und ihr Wissen über Kälte, Wärme und die richtige Kleidung erweitern. Dabei helfen die kleinen Ideen, Spiele und Reime aus diesem Kapitel.

Ab 18 Monaten

Wisst ihr schon ...?

Ein Mitmachgedicht rund ums Anziehen

Dieses Mitmachgedicht begleitet die Kinder pantomimisch mit den (richtigen) Anziehbewegungen. Es ist sozusagen eine Trockenübung fürs echte Anziehen, macht aber viel mehr Spaß!

Stellen oder setzen Sie sich mit den Kindern in einen Kreis und begleiten Sie das Gedicht pantomimisch. Wählen Sie beim Vorlesen aus, was jahreszeitlich passt und Ihre Kinder gern tragen, im Text sind verschiedene Möglichkeiten mit Schrägstrichen angegeben.

Wisst ihr schon, was Strümpfe sind?
Na gut, die ziehen wir an geschwind.
pantomimisch das Anziehen der Strümpfe vormachen

Wisst ihr auch, was kommt jetzt gleich?
Ein Unterhemd, am besten weich.
pantomimisch ein Unterhemd anziehen

Die Unterhose braucht man auch,
die zieht man hoch bis an den Bauch.
pantomimisch eine Unterhose anziehen

Das ist schon mal gut, juhu,
jetzt kommt ein T-Shirt/Pulli dazu im Nu.
pantomimisch ein Shirt/einen Pulli anziehen

Die Hose/Leggins oder ein Rock kommen dann,
die/der kommt an unsere Beine dran.
pantomimisch eine Hose/Leggins/einen Rock anziehen

Zum Schluss noch Schuhe, wo kommen die hin?
Natürlich dorthin, wo die Füße sind!
pantomimisch beide Schuhe anziehen

Förderschwerpunkt: Motorik · Gleichgewicht · Wissen über Kleidungsstücke

Socken-Wirrwarr

Ein Sortier- und Anprobierspiel

Ab 1 Jahr

Für dieses Spiel brauchen Sie viele Sockenpaare. Fragen Sie bei den Eltern um (saubere) Spenden. Toll, wenn Sie auch sehr lustige Socken dabeihaben, beispielsweise Zehensocken oder Socken mit bunten Motiven. Die Größe ist nicht so wichtig.

MATERIAL Viele verschiedene ausrangierte oder lustige Sockenpaare, teils in Kindergröße, teils in allen Größen • 1 Korb

Trennen Sie die Paare und legen Sie alle Socken kunterbunt durcheinander in den Korb. Stellen Sie den Korb einfach auf den Boden im Gruppenraum. Die Kinder werden ihn ganz von selbst entdecken und die Socken herausnehmen. Die Kinder können die Socken zu Paaren zusammensuchen, sortieren und anprobieren. Wie sieht es aus, wenn man zu kleine oder zu große Socken trägt?

ZUSATZIDEE

Legen Sie Socken in der Anzahl der Kinder in den Korb. Jedes Kind darf sich blind eine Socke herausziehen. Können sich die Kinder zu korrekten Sockenpaaren zusammenfinden? Sprechen Sie mit den Kindern auch darüber, wozu man Socken eigentlich braucht (wärmen und schützen die Füße).

TIPP Im Geschenkehandel gibt es winzig klein verpackte Socken (wenige Zentimeter große Päckchen, die beim Auffalten erst zu richtigen großen Socken werden. Überraschen Sie die Kinder doch damit, sie kosten oft nur sehr wenig und sind lustige Geschenke.

Förderschwerpunkt: Visuelle und kognitive Fähigkeiten • Spielfreude

Ab 2 Jahren

Es regnet, es regnet

Ein Singspiel mit der richtigen Kleidung

Möchten Ihre Kinder bei Regen auch am liebsten Sandalen anziehen? Dieses Singspiel hilft dabei, die Kleidung auf das Wetter hin abzustimmen.

MATERIAL Großer Karton • Regenjacke • Gummistiefel • Sonnenbrille • Regenschirm • Sandalen • Matschhose • Handschuhe • Schwimmärmel (alles in Kindergröße oder von Puppen)

Füllen Sie die Materialien in den Karton und stellen Sie ihn in die Mitte. Setzen Sie sich mit den Kindern um den Karton herum. Die Kinder können abwechselnd die Sachen herausnehmen. Gemeinsam benennen Sie alle Dinge und besprechen, wofür man sie braucht. Dann kommt alles zurück in den Karton. Nun singen Sie zur Melodie von „Es regnet, es regnet, die Erde wird nass" die beiden Liedzeilen. Dann darf ein Kind ein Teil aus dem Karton nehmen. Fragen Sie die Kinder: Brauchen wir diesen Gegenstand/dieses Kleidungsstück, wenn es regnet? Die Kinder antworten, was ihrer Meinung nach zutrifft. Dann singen Sie erneut und das nächste Kind ist an der Reihe. So spielen Sie weiter, bis alle Gegenstände besprochen sind.

Es regnet, es regnet, was zieh ich da bloß an?
Wenn's regnet, wenn's regnet, kommt Wasser an mich dran.

TIPP Sie können das Spiel von Zeit zu Zeit wiederholen. Dabei können Sie die Materialien immer wieder austauschen und auf bestimmte Wetterlagen hin abstimmen.

Förderschwerpunkt: Wissen über Wetter und Kleidung • auditive Aufmerksamkeit

Fühlen, klatschen, kneten

Meine Hände können viel

Kneten, malen, tasten, waschen, streicheln: Unglaublich, was wir mit unseren Händen alles machen können. Die Hände als Projektthema eröffnen Ihnen und den Kindern einen riesigen Spielraum. Hier sind zum Start einige Ideen zum Fühlen, Tasten, zur Feinmotorik und zur Fingerkräftigung.

Ab 1 Jahr

Handliche Freund*innen

Ein Handabdruckbild zum Liebhaben

Aus Handabdrücken kleine Spielzeuge herstellen, die Sie später als Garderobenschilder nutzen können: In diesem Beitrag verbinden die Kinder das Gefühl von Farbe auf der Hand mit einem greifbaren Endergebnis in Form einer kleinen Handabdruck-Freunde-Puppe.

MATERIAL Stabiler, heller Tonkarton ▪ Fingerfarben ▪ Dicke Pinsel ▪ Scheren ▪ Filzstifte

Die Kinder lassen sich die Handfläche farbig anmalen, zusätzlich die Finger in einer anderen Farbe. Auch jeder Finger in einer anderen Farbe ist möglich. Fragen Sie die Kinder nach Ihren Wünschen und Lieblingsfarben. Ist die Hand bemalt, drückt das Kind sie auf den Tonkarton. Alle Abdrücke der Kinder gut trocknen lassen.

Beim Ausschneiden der Handabdrücke – eine Aufgabe, die Sie selbst mit etwas Hilfe der Kinder übernehmen können – achten Sie darauf, dass Sie sozusagen ein Handgelenk mit ausschneiden, wo Sie den Namen jedes Kindes aufmalen können. Die Kinder können mit den Filzstiften Augen und einen Mund auf die Handfläche malen. Fertig sind Hand-Freund*innen.

TIPP Die Hand-Freund*innen eignen sich sehr gut als Schilder an der Garderobe oder alle zusammen als Gruppenbild oder Gruppen-Geburtstagskalender. Die Kinder können sie aber auch mit nach Hause nehmen und dort als Glücksbringer aufbewahren.

Förderschwerpunkt: Feinmotorik · taktile Wahrnehmung · emotionale Kompetenzen

Hallo, wir sind die Finger!

Ab 1 Jahr

Ein Fingerspiel zum Finger-Kennenlernen

Ihre Krippenkinder müssen natürlich nicht wissen, wie die einzelnen Finger heißen. Sie kennenzulernen mit ihren Namen ist für sie aber bestimmt interessant. Hier sind die Fingernamen in ein Fingerspiel verpackt, bei dem die Kinder selbst aktiv werden können.

Sie können das Fingerspiel in der Kindergruppe durchführen. Dann zeigt jedes Kind den gerade besprochenen Finger und führt entsprechend Bewegungen aus. Schöner ist es, wenn Sie mit einem Kind ein bis zwei Minuten Extrazeit verbringen können und das Fingerspiel nur zu zweit und, falls vom Kind gewünscht, mit Körpernähe spielen. Die Begleitung dazu ist hier angegeben.

Schau mal, das sind deine Finger,
das sind liebe kleine Dinger.
die Hand des Kindes nehmen und mit dem Kind betrachten

Der dicke Daumen hilft beim Greifen,
er kann mit andern Fingern kneifen.
den Daumen angucken und antippen, das Kneifen ganz sanft vormachen

Der Zeigefinger zeigt „Nein", „Nein",
gekrümmt lockt er auch Leute herein.
den Zeigefinger antippen, das Kind macht vor, wie man mit dem Finger „Nein", „Nein" zeigt oder jemanden herlockt

Der längste Finger ist dieser hier,
ein Finger wie ein Riesentier.
den Mittelfinger antippen

Der Ringfinger kommt als Nächstes dran,
manche stecken dort nämlich Ringe an.
den Ringfinger antippen

Der kleine Finger kommt zum Schluss,
wir sagen „Tschüss" und „Gruß" und „Kuss".
den kleinen Finger antippen und einen Luftkuss machen

Förderschwerpunkt: Feinmotorik · Kräftigung der Finger · Körperwahrnehmung

Ab
1
Jahr

Hände kneten einmal anders

Unsere Hände aus Teig

Mit dieser Idee können die Kinder nicht nur genussvoll Teig kneten, sondern sie können daraus auch ihre Hand herstellen.

ZUTATEN

- 2 reife Bananen
- 2 Eier
- 200 g Butter
- 400 g Mehl, beispielsweise Weizen- oder fein gemahlenes Dinkelmehl
- Nach Wunsch: Mark einer ausgekratzten Vanilleschote

Die Kinder können helfen, die Bananen in einer großen Schüssel zu pürieren, dann die Eier dazugeben und gut unterrühren. Die Butter ergänzen. Zum Schluss Mehl und Vanille dazugeben und alles mit den Händen zu einem glatten Teig verkneten. Den Teig vor dem Ausrollen für etwa eine halbe Stunde im Kühlschrank ruhen lassen. Dann können die Kinder kleine Portionen vom Teig mit etwas Hilfe ausrollen. Nun legen die Kinder eine Hand auf den Teig. Ein anderes Kind rollt mit Ihrer Hilfe, zum Beispiel mit einem Teigschneider, um die Hand herum. Ältere Krippenkinder können das auch schon selbst versuchen. Alle Hände kommen nun auf mit Backpapier belegte Bleche. Im vorgeheizten Ofen müssen die Plätzchen bei 160 °C etwa zehn bis zwölf Minuten backen.

TIPP Die Kinder können ihre geschlossene Hand auflegen (nicht die Finger spreizen). So lassen sich die Hände leichter ausschneiden und aufs Blech transportieren. Alternativ können die Kinder ihren Teig schon auf Backpapier ausrollen, sodass sie die Hände nur noch aufs Blech ziehen müssen.

Förderschwerpunkt: Taktile Wahrnehmung · Feinmotorik · Kreativitätsentwicklung

Knifflige Fingerrätsel

Fühlsäckchen-Spaßideen

Ab 2 Jahren

Diese Fühlsäckchen sind so knifflig, dass die Kinder manchmal auch die Ohren dazunehmen müssen, wenn sie den Inhalt erraten möchten.

MATERIAL Mehrere (mindestens 8) kleine Fühlsäckchen, verschließbar (beispielsweise aus dem Onlinehandel) • Füllmaterial je nach Vorrat, immer zwei ähnliche Materialien, beispielsweise: Märchenwolle, Wollfäden, Kirschkerne, kleine Murmeln, Muggelsteine, Kieselsteine, Folienreste, Papierknäuel, Knöpfe, Münzen, Eicheln, Kastanien

Geben Sie die Füllmaterialien in die Säckchen und verschließen Sie diese. Sie müssen nicht alle hier genannten Materialien verwenden, es sind nur Beispiele. Stellen Sie sich Ihre Fühlsäckchen nach eigenen Ideen und Vorratsmaterialien selbst her. Toll und knifflig wird es, wenn Sie für zwei oder drei Säckchen ähnliche Materialien verwenden.
Bevor Sie mit dem Spielen starten, können Sie alle Säckchen samt Inhalt auf ein großes Tablett legen oder einfach auf den Boden in die Spielkreismitte. Legen Sie vor jedes Säckchen immer ein Teil aus dem Inhalt. Benennen Sie alle Inhalte mit den Kindern. Nun verschließen Sie die Säckchen. Die Kinder haben zunächst die Aufgabe, den Inhalt nur durch Berühren von außen zu erraten. Dazu können sie zusätzlich zu den Fingern auch die Ohren benutzen: Knöpfe und Münzen fühlen sich ähnlich an, aber sie klingen nicht gleich.
In einer neuen Raterunde können die Kinder die Inhalte auch im Innern befühlen.

TIPP Füllen Sie die Säckchen immer wieder anders, sodass für die Kinder immer neue Fühl- und Hörrätsel entstehen!

Förderschwerpunkt: Taktile und auditive Wahrnehmung • Gedächtnis und Konzentration

Ideenseite

Selbstmachspielzeug für die Feinmotorik

Feinmotorik-Spielzeug zum Greifen, Stecken und Sortieren können Sie sehr schnell und einfach selbst für die Kinder herstellen. Der Clou dabei ist, dass die Kinder in diesem Fall mit sogenanntem Nichtspielzeug spielen, also Materialien, die ursprünglich einen anderen Nutzwert hatten. Auf diese Weise haben die Kinder die Chance auf vielfältige Material- und Sinneserfahrungen – und Sie wenig Ausgaben.

BECHER-TABLETT

Aus der Montessori-Pädagogik bekannt: Stellen Sie einfach zwei verschiedenfarbige Becher, beispielsweise rot und grün, auf ein Tablett und legen Sie rote und grüne Wäscheklammern dazu. Die Kinder haben die Aufgabe, die Klammern farblich passend (visuelle Wahrnehmung) an die Becherränder zu klammern (Feinmotoriktraining).

EIERKARTON-SORTIERER

Malen Sie die Vertiefungen in einem Eierkarton in bunten Farben an, beispielsweise in einem Zwölferkarton zweimal rot, zweimal blau, zweimal gelb, zweimal grün, zweimal violett, zweimal orange. Nun legen Sie Drehverschlüsse von Getränkeflaschen in bunten Farben, Knöpfe, Flummis und angemalte Steine dazu. Die Kinder können die Materialien farblich passend einsortieren. Noch mehr Spaß macht es, wenn die Kinder dazu Löffel oder große Greifzangen, beispielsweise Gebäckzangen, nutzen.

BLUMENSCHAUM-STECKER

Kaufen Sie im Bastelladen ein großes Stück Blumenschaum (auch Steckschaum genannt). Die Kinder bekommen Trinkhalme, Chenilledrähte, Federn oder bunte Stifte oder Spieße, die sie hineinstecken können. Hier zählt das Stecken, also die Auge-Hand-Koordination. Auch die Kraft, mit der die Gegenstände eingesteckt werden, lernen die Kinder dabei genau zu dosieren.

Stampfen, tasten, kitzeln

Spiele für die Füße

Mit den Fußsohlen den Boden spüren, auf den Füßen wippen, auf den Fersen stehen, an den Füßen kitzeln und riechen: Kinder unter drei Jahren beschäftigen sich mit ihren Füßen viel mehr als wir Erwachsenen. In diesem Kapitel geht es um die taktile Wahrnehmung mit den Füßen und um die Kräftigung der Füße, die jetzt beim Laufenlernen das Gewicht der Kinder durch die Welt tragen.

Ab
1
Jahr

Was heißt wie?

Die Füße kennenlernen

Kennen die Kinder ihre Füße eigentlich? Wissen Sie beispielsweise, ob sie dort kitzlig sind, wie die Ferse heißt und wie die Zehen? Bei dieser kleinen Entdeckungsreise schließen die Kinder Bekanntschaft damit.

MATERIAL 1 stabiles Malblatt pro Kind • Bunte Filzstifte • Nach Wunsch: Fußbad-Wannen und Kräuter • Handtücher zum Abtrocknen

Bevor Sie starten, können Sie nach Wunsch mit den Kindern ein Fußbad machen: Im Sommer tut ein kühles Fußbad mit Rosmarinstängeln im Wasser gut, im Winter können Sie warmes Wasser und einen kleinkindgeeigneten Badezusatz wählen.
Betrachten Sie mit den Kindern die Füße. Wer hat große, wer hat ganz kleine Füße? Wissen die Kinder, dass ihr Fuß bestimmte Fußkörperteile enthält und wie die heißen? Zeigen Sie auf die Zehen: Wie heißt dieser Teil vom Fuß? Welches ist die große Zehe, welches die kleine? Wer kann mit seinen Zehen wackeln? Gehen Sie weitere Teile des Fußes durch: die Sohle, den Spann (Bereich oben auf dem Fußrücken, er wird auch Rist genannt), die Ferse (auch Hacke genannt), die Fußspitze. Auf diese Weise lernen die Kinder diese Teile ihres Körpers nicht nur kennen, sondern auch benennen. Für Kinder unter drei Jahren ist es besonders wichtig, ihren Körper auch auf diese Weise erfahren zu dürfen.

Förderschwerpunkt: Taktile Erfahrung • Körper- und Selbstwahrnehmung

Fuß-Aliens

Mit den Füßen malen

Ab 1 Jahr

Auch mit den Füßen kann man malen – und das macht Riesenspaß. Mit dieser kleinen Malaktion haben Sie außerdem tolle Fußbilder, die Sie als Elterngeschenke gerahmt weiterverwenden können.

MATERIAL Stabiles, saugfähiges Malpapier ▪ Klebestreifen ▪ Fingerfarben in Grün, Blau und Gelb ▪ Dicke Pinsel ▪ Filzstifte oder Wachsmaler ▪ Schüssel mit lauwarmem Wasser und Handtücher

Für diese Kreativaktion kann sich immer ein Kind die Fußsohle bemalen lassen: Das wird sicher kitzeln! Bemalen Sie die gesamte Fußunterseite samt Zehen. Auf dem Boden haben Sie schon die Malblätter mit Klebestreifen festgeklebt. Das Kind kann nun auf einem Blatt einen oder mehrere Fußabdrücke hinterlassen. Notieren Sie auf dem Blatt den Namen des Kindes, bevor das nächste Kind startet. Stellen Sie Schüsseln mit lauwarmem Wasser und Handtücher bereit, damit sich die Kinder anschließend die Farbe abwaschen können.

Sind die Fußabdrücke getrocknet, können die Kinder sie mit Ihrer Hilfe ausgestalten: Sie werden zu Aliens, bei denen die Zehenabdrücke Haare oder Ohren sein können oder – falls Sie die Bilder herumdrehen – Füße. Die Kinder können selbst entscheiden, wie herum ihr Alien auf dem Bild sein soll. Die Aliens können nun noch Augen, Münder und Fühler bekommen – ganz nach Ideen der Kinder.

TIPP Ältere Krippenkinder können mit den Zehen weitermalen: Vielleicht bekommen die Fußabdruck-Aliens eine Umgebung oder einen Boden, auf dem sie stehen?

Förderschwerpunkt: Körperwahrnehmung · Kreativitätsentwicklung

Ab
1
Jahr

Schwupp!

Ein Fußkitzelspiel

Zum Aufheitern, Ablenken und zum Lachen: Mit diesem kleinen Reim können Sie trösten oder dem Kind ein Lächeln abgewinnen.

MATERIAL Nach Wunsch 1 Spielzeugkäfer (sonst ist die Hand der pädagogischen Fachkraft der Käfer)

Führen Sie das kleine Kitzelspiel am nackten oder bestrumpften Fuß aus, damit das Kind die Berührung wahrnehmen kann.

Schwupp, da kommt ein Käfer an,
setzt sich an dein Füßchen ran.
den Käfer oder die Hand durch die Luft sausen lassen und neben dem Fuß des Kindes absetzen, mit dem Zeigefinger auf den Fuß tippen

Jetzt krabbelt er daran herauf,
magst du diesen Käferlauf?
mit der Hand oder dem Käfer auf dem Fuß des Kindes laufen

Er läuft herauf, herab, zurück
und drumherum zum Käferglück.
die Hand oder den Käfer entsprechend führen und das Kind dabei kitzeln

Dann ist er ganz plötzlich weggeflogen
und dort schon um die Ecke gebogen.
die Hand oder den Käfer durch die Luft wegzischen lassen

Förderschwerpunkt: Körperwahrnehmung · Aufheiterung

Wer kann das?

Fußgymnastikideen

Ab 18 Monaten

Mit diesem kleinen Reim und der anschließenden Fußmotorikidee können die Kinder ihre Fußmuskulatur kräftigen.

MATERIAL Fußgreifmaterial: Wäscheklammern, kleine Sandsäckchen und/oder Stifte

Als Vorbereitung verteilen Sie das Greifmaterial auf dem Boden. Die Kinder ziehen Hausschuhe und nach Möglichkeit Strümpfe aus. Dann kann es auch schon losgehen:

Wir stellen uns auf die Füße drauf
und stampfen ein paarmal damit auf.
mit den Füßen auf den Boden stampfen

Wer kann auf den Zehen stehen?
Da ist man groß, kann ganz weit sehen.
Die Kinder versuchen, auf dem Vorfuß zu stehen:
Wer kann dabei sogar noch die Arme hochhalten?
Hier brauchen die Kinder je nach Alter eventuell Hilfestellung.

Und wer kann auf den Fersen stehen?
Das ist nicht schwer, ihr werdet sehen.
Ausprobieren, ob man auf den Fersen stehen kann:
Lassen Sie die Kinder in Ruhe probieren, nicht alle Kinder
werden diese Übung je nach Alter können, es zählt aber
nicht die korrekte Ausführung, sondern der Spaß.

Wer kann mit dem Füßchen schnappen?
Am besten diese Fußgreifsachen.
Im Anschluss können sich die Kinder im Kreis um das Fußgreifmaterial setzen.
Mit den Zehen können sie die Gegenstände greifen und im Sitzen nur durch
Bewegen von Fuß und Bein in einer bereitgestellten Schale oder einem Körbchen ablegen.

Förderschwerpunkt: Kräftigung der Füße · Körperwahrnehmung · Motorik

Ab 1 Jahr

Fußsohlen-Spaß

Ein Ruck-zuck-Fußfühlpfad

Ein Fußfühlpfad muss nicht aufwendig im Außengelände geplant und angelegt werden. Sie können ihn zu jeder Jahreszeit und mit wenigen Materialien auch drinnen ausprobieren.

MATERIAL 4 bis 8 große Kartondeckel, beispielsweise von großen Schuhkartons, Schachteln oder aus Kartons ausgeschnitten ▪ Breites Klebeband (für Kartons) ▪ Füllmaterial nach Jahreszeit, Wunsch und Ideen der Kinder, beispielsweise Watte, Märchenwolle, Laub, Stroh, Heu (einfach aus dem Heimtierbedarf), Gras, Kieselsteine, Korken, Folie (Noppenfolie), Papierknäuel, Sand, Erde, ...

Wählen Sie vorab drei bis sechs Fühlmaterialien aus und beschaffen Sie sie in ausreichender Menge. Beachten Sie: Sand und Erde führen zu mehr Verschmutzung und Putzaufwand als andere! Ordnen Sie die Deckel hintereinander an. Falls nötig, können Sie die Deckel an Nähten oder unstabilen Stellen mit dem Klebeband umkleben und so stabilisieren. Geben Sie die Füllungen in die Deckel. Dabei ist es auch möglich, dass Sie beispielsweise zwei Deckel mit Papierknäueln füllen. Nun können Sie den Fußfühlpfad testen. Nehmen Sie jüngere Kinder dazu an die Hand und geben Sie Hilfestellung! Füllen Sie keine gefährlichen Materialien mit spitzen Kanten oder Ecken ein!

Förderschwerpunkt: Motorik · Körperwahrnehmung · Abenteuerfreude

WEITERFÜHRENDE IDEEN FÜR DIE FÜSSE

- **Fußabdruck mal anders:** Fußabdrücke in Gips sind ein tolles Fühlerlebnis für die Kinder und halten sich für die Ewigkeit. Schön als Elterngeschenk.
- **Fußkunst:** Lassen Sie – am besten bei schönem Wetter im Freien – die Kinder ihre Füße bunt bemalen, beispielsweise mit Wasser- oder Fingerfarben. Anschließend fotografieren Sie alles: eine schöne Erinnerung für die Portfolio- oder Lernordner.
- **Schuhgeschäft:** Besorgen Sie saubere Schuhe in allen Größen und Arten. Die Kinder dürfen sie anprobieren und versuchen, darin zu laufen. Ein toller Spaß bei Regenwetter und eine gute Gleichgewichtsübung für die Kinder. Ältere Krippenkinder können damit auch Rollenspiele (Schuhgeschäft, Verkleiden, ...) verknüpfen.

Biene, Maus und Fuchs

Tiere in Wald und Garten

Marienkäfer, Eichhörnchen, Schnecken und viele kleine und große Tierfreunde mehr: In diesem Kapitel können die Kinder ihre Eindrücke von Tieren in Wald und Garten vertiefen und verarbeiten, beispielsweise in Form von Klang und Musik oder mit dem eigenen Körper.

Ab 2 Jahren

Die Schnecke Marie

Eine Spielgeschichte mit kreativer Begleitung

Dieses Fingerspiel können Sie den Kindern mit der selbst gemachten Schnecke Marie vorspielen. Möchten sich die Kinder mit etwas Hilfe selbst auch eine Marie herstellen und den Reim nachspielen?

MATERIAL Tonkartonreste in bunten Farben ▪ Runder Teller in zwei Größen als Schablone ▪ Scheren ▪ Klebstoff ▪ Schwarzer Filzstift

Der Reim

Das ist die kleine Schnecke Marie,
fröhlich ist sie und eilig hat sie's nie.
die Schnecke zeigen

Sie kriecht ganz langsam durch den Garten,
da müssen alle lange warten.
ganz langsam mit der Schnecke kriechen

Sie futtert gern Salat und Blätter,
am liebsten mag sie Regenwetter.
Fressgeräusche machen, die Schnecke spielerisch an den Grashalmen/Blättern fressen lassen

Bei Sonnenschein versteckt sie sich zack, zack,
in ihrem Häuschen huckepack.
die Schnecke verstecken, Schnarchgeräusche machen

Die Schnecke

Für eine Schnecke einen Kreis aus farbigem Tonpapier in der Mitte falten und als „Schaukeltier" (Halbkreis) auf die runden Kanten stellen. Zwei kleinere Tonpapierkreise ausschneiden und mit einer Spirale bemalen. Die kleinen Kreise etwas über dem Schaukeltier passgenau von beiden Seiten aneinanderkleben. Fühler aus Tonkarton ausschneiden und ankleben. Das Ende der Fühler mit einem Filzstift schwarz als Augen bemalen. Der Schnecke nach Wunsch noch einen Mund malen.

Förderschwerpunkt: Feinmotorik · Sprachbildung · Kreativitätsentwicklung

Wer wohnt bei uns im Garten?

Ab 1 Jahr

Ein Klanglied zum Tiere-Kennenlernen

Dieses Lied können Sie immer einsetzen, wenn die Kinder einen Tierfund machen: Einfach das gerade interessante Tierchen einsetzen und es mit diesem Lied begrüßen.

MATERIAL Nach Wunsch: Tierkärtchen

Singen Sie das Lied einfach zur Melodie von „Backe, backe Kuchen". Auch wenn Sie gerade nicht im Garten sind und Tiere in der echten Natur finden, können Sie das Lied nutzen: Die Kinder denken sich ein Tier aus oder Sie legen Tierkärtchen in die Kreismitte, die Sie zunächst umdrehen. Vor jeder neuen Strophe können die Kinder eine weitere Karte aufdecken und diesem Tier das Begrüßungslied singen:

Wer wohnt bei uns im Garten?
Wer kann das erraten?
Ein Eichhörnchen klein,
will bei uns sein.
Eichhörnchen, wir mögen dich!

Wer wohnt bei uns im Garten?
Wer kann das erraten?
Ein Marienkäfer …
Ein Regenwurm …
Eine Schnecke …

Förderschwerpunkt: Musikalische Erfahrungen · Naturwissen · Sprachbildung

Ab 1 Jahr

Marienkäfer-Wiese

Eine Gruppengestaltungsaktion

Da kribbelt und krabbelt es. Eine bewohnte Marienkäferwiese malen: Das geht ganz schnell mit Schwämmchen und Fingerspitzen – und das fertige Werk ist eine tolle Deko für den Gruppenraum.

MATERIAL 1 großer Bogen dickes Malpapier · Klebestreifen · Bunte Fingerfarben · Pinsel · Schwämmchen · Schwarze Filzstifte

Kleben Sie das Malpapier auf dem Tisch mit Klebestreifen fest, damit nichts verrutschen kann. Die Kinder können mit den Pinseln oder den Fingern grüne Striche auf das Papier aufbringen. Anschließend verwischen die Kinder alles mit Schwämmchen und Wasser. Gut trocknen lassen.
Mit den Fingerspitzen stempeln die Kinder rote und orangefarbene Tupfer als Marienkäfer auf. Wenn die Punkte getrocknet sind, können die Kinder mit dem schwarzen Filzstift mit etwas Hilfe Punkte, Beine und Fühler an die Tupfen malen, sodass aus den Abdrücken Marienkäfer werden.

TIPP Wenn Sie ein sehr großes Format wählen, können Sie die Marienkäferwiese als Hintergrund für einen Geburtstagskalender wählen und die Fotos der Kinder mit in die Wiese kleben, mit Namen und Geburtsdatum versehen.

Förderschwerpunkt: Feinmotorik · Kreativitätsentwicklung · Körperwahrnehmung

Huhu, Eichhörnchen!

Ein Klanggedicht

Ab 18 Monaten

Bei diesem Klanggedicht schlüpfen die Kinder in die Rolle von Eichhörnchen: Diese kleinen Tiere sind tagaktiv und schlummern nachts in ihrem Nest (Kobel). Das stellen die Kinder mit Lärm und Stille nach.

MATERIAL Für jedes Kind Klangstäbe, eine Rassel oder eine Trommel ▪ Nach Wunsch: Fotos oder Bilder von Eichhörnchen

Im Sitzkreis können die Kinder die Instrumente ausprobieren. Haben die Kinder schon mal ein Eichhörnchen gesehen? Möchten sie es durch seinen Eichhörnchentag begleiten?

Die Eichhörnchen hüpfen von Baum zu Baum.
So schnell sind sie, man sieht sie kaum.
ganz schnell rasseln, trommeln, klopfen

Sie rennen über den Boden mit Hast,
schwingen sich dann von Ast zu Ast.
wie oben

Doch wenn es Abend wird im Wald,
dann schlummern sie im Nestchen bald.
leiser werden, schließlich Stille

Sie decken sich mit dem Schwänzchen zu
und machen ihre Augen fest zu.
flüstern, Stille, „Pst!" machen

Doch wird es wieder hell, hurra,
dann sind sie alle wieder da!
laut rasseln, trommeln, klopfen, dazu „Hurra!" rufen

Förderschwerpunkt: Musik- und Geräusche-Erfahrung · auditive Wahrnehmung · Naturwissen

Ab 2 Jahren

Wer ist denn das?

Rätselreime mit Bildkärtchen

Bei dieser kleinen Kreisspielaktion lernen die Kinder Garten- und Waldtiere per Bildkarten oder Fotos kennen. Anschließend können sie ihr Wissen bei einem Reim-Quiz erproben.

MATERIAL Bildkarten oder Fotos von Fuchs, Maus, Marienkäfer, Schnecke, Schmetterling, Raupe

Betrachten Sie mit den Kindern die Tierkarten. Können die Kinder die Namen der Tiere nennen? Wo leben diese Tiere? Was fressen sie wohl gern? Im Anschluss können Sie die Karten auslegen und die Reime vorlesen. Können die Kinder jedem Reim das richtige Kärtchen zuordnen?

Wer hat Ohren rot und spitz,
hat im Wald seinen Lieblingssitz?
Streicht in der Nacht umher,
liebt Mäuse zum Fressen sehr?
Der Fuchs

Wer ist klein und piepst ganz leis?
Guckt aus dem Loch ganz naseweis?
Hat rosa Öhrchen und Äugelchen klein,
rosa Pfötchen an jedem Bein?
Die Maus

Welches Käferchen ist das wohl:
Sitzt gern auf Blumen, Salat und Kohl?
Hat rote Flügel mit Punkten darauf
und setzt sich gern auf dein Fingerchen drauf?
Der Marienkäfer

Förderschwerpunkt: Auditive Wahrnehmung · Naturwissen · Ratespaß

Wer kriecht gemächlich durch Laub und Salat,
hat auch sein Häuschen immer parat?
Kommt unterwegs nur langsam voran,
am Kopf sitzen zwei Fühler dran?
Die Schnecke

Wer hat die schönsten Flügel von allen,
in Gelb, Braun und Blau können sie gefallen.
Flattert auf Blüten im Sonnenschein,
welches Tierchen könnte das sein?
Der Schmetterling

Wer frisst auf Bäumen die Blätter ab,
hält sich mit vielen Beinen auf Trapp?
Wer hat Riesenhunger und frisst und frisst,
sagt, welches Tierchen das wohl ist?
Die Raupe

TIPP Falls Sie die genannten Tiere als Spielzeugfiguren zur Hand haben, können Sie statt der Bilder auch diese Figuren nutzen. Sie können die Tiere auch in einer Sand- oder Fühlwanne vergraben und sie von den Kindern ausbuddeln und finden lassen.

Ab
1
Jahr

Fünf Marienkäfer

Ein Fingerspiel zum Mitzählen

Fünf Marienkäfer finden sich in diesem Fingerspiel zusammen, die Kinder können sie dabei einzeln an den Fingern abzählen. Sie können das Fingerspiel einzeln in der Eins-zu-eins-Situation oder im Kinderkreis durchführen.

Da kommen fünf rote Käfer geflogen,
schon sind sie um die Ecke gebogen.
die Hand mit den fünf Fingern zeigen

Der erste fliegt auf meine Nase,
der zweite fällt in die Blumenvase.
Der dritte setzt sich auf ein Blatt,
der vierte fliegt weg, er will in die Stadt.
nacheinander Daumen, Zeige-, Mittel- und Ringfinger zeigen oder aufklappen

Der fünfte Käfer ist noch klein,
will nicht gerne alleine sein.
Da ruft er alle wieder her,
da sind sie schon, wir freuen uns sehr.
mit dem kleinen Finger wackeln, dann wieder alle Finger hochhalten, in die Hände klatschen

Förderschwerpunkt: Feinmotorik · Naturwissen · erstes Zählen

WEITERFÜHRENDE IDEEN MIT TIEREN

- **Der Krippen-Naturführer:** Fotografieren Sie mit den Kindern draußen Tiere, die ihnen dort tatsächlich begegnen: Schnecken, Käfer, Hummeln, Regenwürmer, die Nachbarskatze, Ameisen, ... Alle Fotos ausdrucken, laminieren und lochen, dann Kordeln hindurchziehen und schon haben Sie ein eigenes Tier-Bilderbuch, das Sie auch als Sprechanlass nutzen können.
- **Besuch im Streichelzoo oder Wildtiergehege:** Bei diesem Ausflug können die Kinder Tiere auch in echt kennenlernen.
- **Tiere fühlen:** Geben Sie Tierfiguren aus Kunststoff in ein Fühlsäckchen: Wer kann die Tiere nur durch Anfühlen erraten?

Von Apfel bis Zitrone

Schmeck- und Spielideen mit Obst

Obst und Obstsorten kennenlernen: Das hilft nicht nur bei der Entwicklung einer gesunden Ernährung mit, sondern es macht auch einfach Spaß – und Appetit. Auf den nächsten Seiten finden Sie Spiele zum Kennenlernen, aber auch Schmeck-Experimente und Reime rund um Apfel, Banane & Co.

Ab 1 Jahr

Joghurt-Beeren-Eis

Ein Rezept zum Mitmachen

Gemeinsam Frozen Joghurt herstellen: Mit diesem Rezept geht es ganz schnell und die Kinder können sich an der Herstellung beteiligen.

ZUTATEN FÜR 8 KINDERPORTIONEN

- 1 Bio-Limette
- Raspel/Reibe
- Schüssel
- 2 große Becher Natur- oder Kokosjoghurt (je 400 ml)
- 200 bis 400 g gewaschene und geputzte frische Beeren, beispielsweise Erdbeeren oder Blaubeeren, ersatzweise Tiefkühlbeeren
- Süße nach Geschmack, beispielsweise
  - 2 Tütchen Vanillezucker und 2 Esslöffel Zucker zusätzlich
  - Ab 1 Jahr: 3 Esslöffel Honig und 1 Prise Zimt
  - Ab 3 Jahren: 4 Esslöffel Birkenzucker

Raspeln Sie die Schale der gewaschenen Limette ab – diese Arbeit kann auch ein Kind mit Handschuhen übernehmen. Die Reste der Frucht pressen Sie aus. In eine Schüssel geben die Kinder den Joghurt, den Limettensaft, Ihre Süße nach Wahl und die Beeren. Nach Wunsch können Sie mit Vanille, Zimt oder auch Minzeblättern abschmecken. Mit einem Handrührgerät verrühren Sie oder die Kinder alles gut miteinander. Die Masse in eine Auflaufform oder in eine Küchenbox mit Deckel füllen. Dabei die Form nicht ganz auffüllen, da das Eis beim Gefrieren sein Volumen erhöht!
Das Eis muss nun etwa drei Stunden in der Tiefkühltruhe stehen. Alle 30 Minuten müssen Sie oder ein Kind die Masse einmal umrühren, bis sie schließlich zu fest dafür ist. Für Kinder unter drei Jahren muss das Eis nicht ganz durchgefroren sein. Sonst ist es eventuell zu kalt für sie!

TIPP Falls Sie TK-Beeren verwenden: kein Problem! Allerdings sollten Sie die Beeren vor Verwendung aufkochen und für mindestens 1 Minute köcheln lassen. Grund: Tiefkühlbeeren können Keime enthalten, die durch das Gefrieren nicht absterben. Durch kurzes Erhitzen werden sie zerstört.

Förderschwerpunkt: Gustatorische Wahrnehmung · Wissen über Lebensmittel · Feinmotorik

Was schmeckst du?

Ein Kreis- und Schmeckspiel für mutige Krippenkinder

Ab 2 Jahren

Bei diesem Spiel können die Kinder ihre Geschmacksnerven testen: Ob sie blind herausfinden, welches Obst sie da gerade essen?

MATERIAL Apfel, Orange, Banane, Traube, Blaubeere, Melone, Erdbeere oder weiteres/anderes Obst je nach Jahreszeit, Verträglichkeit und Verfügbarkeit ▪ Schüssel ▪ Löffel

Schneiden Sie vorab das Obst in kleine Stücke und geben Sie alles in eine Schüssel. Jedes Kind bekommt einen Löffel. Wer traut sich, sich mit geschlossenen Augen mit einem Stück Obst füttern zu lassen? Dieses Kind kommt in die Mitte und darf sich von einem anderen Kind oder Ihnen mit einem Stück Obst füttern lassen. Erkennt das Kind die Frucht und kann sie benennen?
Die Reste können Sie im Anschluss gemeinsam aufessen. Auch hier können die Kinder immer wieder mitteilen, was sie gern mögen und was nicht und was sie da gerade auf ihrem Löffel haben. Das Wiederholen trägt zur Sprachbildung bei.

TIPP Kinder unter drei Jahren sollten keine harten, kleinen, runden Früchte bekommen, weil hier Aspirationsgefahr besteht. Darum schneiden Sie auch Weintrauben und Beeren in kleinere Stücke. Auch Kerne, etwa bei Trauben oder Melonen, sollten Sie entfernen.

Förderschwerpunkt: Gustatorische Wahrnehmung · Sprachbildung · Spielfreude

Ab 18 Monaten

Unsere Fühlkiste

Ein Kreisspiel zum Raten und Lachen

Können Ihre Kinder eine Frucht nur durch Tasten bestimmen? Bei diesem lustigen Kreisspiel können Sie es ausprobieren.

MATERIAL 1 große Kiste oder Schale ▪ 1 Tuch zum Abdecken ▪ Stoßfeste Obstsorten (Orangen, Äpfel, Bananen, Melonen, ...)

Geben Sie das Obst in die Kiste oder eine flache Schale und decken Sie alles mit einem Tuch ab. Setzen Sie sich mit den Kindern im Kreis um die Schale oder Kiste herum. Immer ein Kind kann in die Kreismitte kommen. Es steckt seine Hand unter das Tuch und tastet das Obst ab. Ein Obststück darf es herausziehen. Zuvor soll es das Obst aber benennen. Ist das Obst herausgezogen, können alle gemeinsam überlegen, ob das richtig war.

VARIATION

Toll ist auch eine Tastwand: eine große Wand aus Karton, beispielsweise von einer Umverpackung, die im Raum aufrecht hingestellt wird. Nun schneiden Sie eine kleine Öffnung in die Wand. Immer ein Kind kann seine Hand durchstrecken und erfühlen, welches Obst auf der anderen Seite liegt.

TIPP Sie können das Spiel für ältere Krippenkinder kniffliger gestalten, wenn Sie ähnliche Obstformen wählen, unterschiedliche Melonen, Mandarinen, Orangen, Äpfel und flache Birnen usw.

Förderschwerpunkt: Wissen über Obst · taktile Wahrnehmung · Sprachbildung

Zitrus-Kunstwerke

Tolle Stempelbilder mit Obst

Ab 1 Jahr

Wenn es im Atelier oder am Maltisch lecker duftet, dann werden bestimmt diese Zitrus-Druckbilder gemacht. Verwenden Sie dazu Zitrusfrüchte, die Sie nicht mehr essen, beispielweise schon ausgetrocknete, harte oder zu saure Früchte.

MATERIAL Zitrusfrüchte, die nicht mehr gegessen werden • 1 Schere (für die pädagogische Fachkraft) • Fingerfarben • Schalen • Bunte Tonkartonbogen • Dicke Pinsel

Betrachten und befühlen Sie mit den Kindern die Früchte. Benennen Sie sie gemeinsam. Dann schneiden Sie die Früchte auf. Auf eine Hälfte etwas Fingerfarbe streichen und auf ein Blatt Tonpapier drucken: Schon entsteht das typische Scheiben- oder Kuchenmuster. Die Kinder möchten auch gern Zitrusfrüchte drucken? Schneiden Sie die Früchte auf, die Kinder können mit einem dicken Pinsel Fingerfarben auftragen und die Hälften dann auf ihr Papier drücken. Toll sieht es aus, wenn die Farben zu Früchten passen und Sie Zitronendrucke in Gelb auf hellgrünem Papier machen oder Pink-Grapefruit-Drucke in Pink auf Helltürkis.

ERWEITERUNG

Für die älteren Krippenkinder ist auch ein Zitrus-Schnupperquiz spannend: Die Kinder schnuppern dazu mit geschlossenen Augen an der Schale oder aufgeschnittenen Frucht: Können Sie nur am Geruch erkennen, um welche Zitrusfrucht es sich handelt?

Förderschwerpunkt: Feinmotorik • taktile und olfaktorische Wahrnehmung • Kreativitätsentwicklung

Ab 18 Monaten

Obst kennenlernen

Ein Kreisspiel mit Erweiterung

Was ist Obst, wie sieht es aus? Wie riecht es und welche Früchte gibt es? Als Auftakt können die Kinder hier im Kreisspiel Obst kennenlernen.

MATERIAL 1 Korb ▪ Je 1 Apfel, Birne, Banane, Orange, Weintraube oder Blaubeere

Stellen Sie den Korb in die Mitte. Die Kinder können das Obst auspacken, beschnuppern, berühren und erkunden. Gehen Sie gemeinsam die Früchte durch: Wie heißt die Frucht? Wer mag sie gern? Wem schmeckt sie nicht? Welche Farbe hat sie? Durch Anritzen der Schale können die Kinder bei manchen Früchten besser schnuppern.

Mit dem Reim rollen oder schieben Sie nun je eine Frucht aus dem Korb einem Kind im Kreis zu. Weiß das Kind, welche das ist?

Ich rolle/schiebe dir mal ein Früchtchen zu,
welches das ist? Vielleicht weißt es ... du?

ERWEITERUNG

Ihre Kinder kennen sich mit Früchten schon gut aus? Dann stellen Sie doch runde Kreise (für Apfel, Orange), birnenförmige, längliche Formen (für Birne und Banane) oder winzige Kreise (Trauben/Blaubeeren) aus Tonkarton oder Pappe her. Die Kinder können sie mit bunten Papierknäueln in der richtigen Farbe bekleben: Wissen die Kinder die richtige Farbe?

Förderschwerpunkt: Wissen über Obst und Gemüse · Sprachbildung

WEITERFÜHRENDE IDEEN MIT OBST

- **Ein Besuch auf dem Markt:** Mit einer kleinen Kindergruppe können sie auf dem Markt selbst frisches Obst aussuchen und anschließend aufessen.
- **Ein Besuch im Erdbeerland:** Selbst Erdbeeren pflücken: Mit Krippenkindern zählt hier nicht die Menge, sondern das Schmecken und Erleben.
- **Selbst Obst anbauen:** Erdbeeren in Kübeln lassen sich auch auf der kleinsten Terrasse züchten. Auch Himbeeren gedeihen hier.

Matschen, rühren, schütten

Materialerfahrungen mit allen Sinnen

Einen Teig kneten oder eine Suppe umrühren, Blumen gießen oder Getränke einschenken: All das lernen Ihre Kinder nicht nur gerade, sondern sie beobachten es auch bei anderen und möchten es spielerisch nachmachen. Bestimmt gibt es bei Ihnen schon eine oder mehrere Matschecken drinnen und draußen. Dann ergänzen Sie diese Angebote: Geben Sie der taktilen Neugier der Kinder nach mit den Starterideen aus diesem Kapitel.

Ab 1 Jahr

Matsch-und-Klatsch-Bilder

Kreativ mit gefärbtem Rasierschaum

Eine Farbe mit den Händen „begreifen": Das wünschen sich Ihre Kinder auch? Mit dieser Idee können die Kinder Farben auch taktil erleben und tolle Marmor-Effektbilder herstellen.

MATERIAL Rasierschaum (aus der Dose) ▪ Schalen ▪ Finger- oder Lebensmittelfarben ▪ Dicke Pinsel ▪ Unterlage/Schutz für den Maltisch ▪ Malkittel für die Kinder ▪ Stabiles, dickes Malpapier oder Pappe ▪ Wäscheklammern und Wäscheleine

Geben Sie Rasierschaum in die Schalen und färben Sie den Schaum in jeder Schale unterschiedlich ein – am besten in den Lieblingsfarben der Kinder. Beim Färben mit Fingerfarben geben Sie einfach Farbe bis zur gewünschten Farbintensität dazu. Der Schaum wird hier etwas dicker und mus-artig. Verwenden Sie Lebensmittelfarben, bleibt der Schaum etwas dünnflüssiger – auch hier können Sie die Intensität der Farben zwischen pastell und kräftig selbst bestimmen.
Zum Malen können die Kinder als erste Möglichkeit Finger oder Pinsel in die Farben tunken und die Farben einfach in abstrakten Mustern oder nach Lust und Laune auf ihr Bild aufbringen. Eine zweite Möglichkeit mit etwas mehr Kleckserei: Die Kinder geben Kleckse ähnlicher Farben (beispielsweise Violett und Blau oder Weiß und Gelb) direkt auf den abgedeckten Maltisch (auf die Schutz-Tischdecke). Nun pressen sie ein Malpapier auf, ziehen es wieder ab und betrachten das entstandene Muster.
Alle fertigen Bilder können Sie mit Wäscheklammern an einer Leine (höher als Kinderkopfhöhe!) aufhängen und dort trocknen lassen.

TIPP Die fertigen Malpapiere sehen toll aus als Deckel für selbst gemachte Bücher, sie können auch als Glückwunschkarten dienen oder einfach den Gruppenraum schmücken. Auch im Lernordner dokumentieren sie diese tolle Aktion.

Förderschwerpunkt: Feinmotorik · visuelle und taktile Wahrnehmung

Knete aus der Krippenküche

Ab 1 Jahr

Ein Selbstmachrezept ohne Zusätze

Knete ist ein tolles Spielzeug. Gekauft kann sie allerdings Gluten, Feuchthaltemittel, Farbstoffe und andere eventuell unverträgliche oder hautreizende Zusatzstoffe enthalten. Wenn Sie Ihre Knete hingegen selbst machen, sind Sie auf der sicheren Seite und sparen sogar noch dabei.

ZUTATEN

- 700 ml Wasser
- 700 g Speisestärke (hier verwendet: Maisstärke)
- 200 g Natron (beispielsweise aus dem Drogeriemarkt)
- 8 Esslöffel Speiseöl (hier: Kokosöl)
- Lebensmittelfarben (hier Gelfarben) in Rot, Blau und Gelb

Wasser in einen Kochtopf füllen und die Stärke einrühren, bis sie sich komplett gelöst hat. Anschließend das Natron dazugeben und ebenfalls so lange rühren, bis es sich in der Masse gelöst hat. Den Topf nun bei mittlerer Hitze auf den Herd stellen und rühren, bis die Masse fest wird. Den Topf vom Herd nehmen, das Öl dazugeben und in den Teig einarbeiten. Falls die Knete zu flüssig ist, noch etwas Speisestärke dazugeben. Die Masse handwarm abkühlen lassen.
Nun können Sie die Knete in Portionen aufteilen und die Portionen einfärben. Dazu können Sie auch Speisefarben miteinander mischen.
Die fertige Knete können Sie in Einmachgläsern oder Plastikküchenbehältern mit Deckel etwa eine Woche lang frisch halten.

TIPP Die Knete härtet an der Luft nach einigen Tagen aus. Sie können Sie also auch als selbsthärtende Knetmasse verwenden, auch wenn sich die Form ganz leicht verändert.

Förderschwerpunkt: Feinmotorik · Fingerkräftigung · Kreativitätsentwicklung · taktile Wahrnehmung

Ab 1 Jahr

Meeresfühltische

Eine Selbstmachidee für die Finger

Diese tollen Fühltische können Sie mit wenig Aufwand und Material selbst für die Kinder herstellen.

MATERIAL Blaues oder durchsichtiges Haargel ▪ Zip-Gefrierbeutel, ersatzweise Ringbucheinlagen/Kunststoffhüllen, am besten mit sehr glatter Oberfläche) ▪ Kleine Kunststoff-Fische, ersatzweise Sterne, Glitter oder Pompons ▪ Klebeband ▪ Je 1 niedriger kleiner Tisch

Füllen Sie Haargel in die Ringbucheinlagen-Beutel oder die Gefrierbeutel. Füllen Sie dabei nur so viel Gel ein, dass Sie die Beutel noch gut schließen können, selbst wenn sie nun etwas bauchig sind. Geben Sie je nach Vorrat oder Wunsch Füllmaterial hinzu: Toll ist beispielsweise blaues Haargel mit bunten kleinen Fischen und etwas Glitter. Verschließen Sie die Beutel mit dem Zip und zusätzlich mit dem Klebeband mehrfach. Die so präparierten Beutel kleben Sie mit breitem Klebeband auf dem Tisch fest. Nun können die Kinder probieren, die Fische durch das Gel zu drücken und zu schieben.

TIPP Je nach Jahreszeit oder Projektthema können Ihre Beutel auch Glitzersterne enthalten oder kleine Spielfiguren, kleine Glitzersteine oder Glitter, Pompons oder Moosgummitierchen.

Förderschwerpunkt: Taktile Wahrnehmung · Aufmerksamkeit

WEITERFÜHRENDE IDEEN MIT KLEISTER, KNETE UND PAPIER

- **Kleisterbilder:** Flüssige Fingerfarben mit Sand und Kleister (ungiftig, am besten selbst angemischt) vermischen und mit den Fingern als Gruppenarbeit auf einem großen Bogen Malkarton verteilen.
- **Teig kneten:** Hefe- oder Mürbeteig können die Kinder schon selbst weiterverarbeiten, beispielsweise zu Keksen, Ausgestochenem oder kleinen Tierfiguren.
- **Knüllbilder:** Ein Tiermotiv mit kleinen zusammengeknüllten bunten Papierkügelchen bekleben.

Unser Wasser

Ein klatschnasses Miniprojekt

Wasser ist ein naturwissenschaftliches Wunder und die Lebensgrundlage für alle Lebewesen auf der Erde. In diesem Kapitel lernen es die Kinder mit Händen, Füßen, Verstand und Emotionen kennen und schätzen. Dabei treffen sie auch Tiere, die im und am Wasser leben.

Ab 1 Jahr

Wo das Wasser herkommt

Eine Kreativaktion mit Reim

Alles Süßwasser auf unserer Erde kommt eigentlich vom Regen. Mit dieser Kreativaktion können die Kinder dem Regen begegnen und ihn auf einem Malpapier einfangen – dazu passt ein kleiner Reim.

MATERIAL Malpapier oder Tonkarton in Hellbeige, Hellblau oder Türkis • Fingerfarben in Schwarz, Blau und Weiß • Pinsel • Nach Wunsch: Märchenwolle

Malen Sie für die jüngeren Kinder eine Regenwolke oben auf das Blatt, beispielsweise mit den Fingerfarben in Schwarz, Weiß und Grau. Ältere Krippenkinder können die Wolke mit den Fingern oder mit einem Pinsel selbst malen. Damit es aus der Regenwolke tropfen kann, tupfen die Kinder mit den Fingerspitzen Regentropfen in Blau und Weiß auf das Papier direkt unter die Wolke.

TIPP Nach Wunsch können die Kinder die Wolke nach dem Trocknen auch mit Märchenwolle bekleben.

BEGLEITENDER REIM

Regentropfen, plitsch und platsch,
machen unsere Erde nass.

Förderschwerpunkt: Taktile Wahrnehmung • Kreativitätsentwicklung • Naturwissen

Wen schnappt der Krake?

Ab 1 Jahr

Ein Planschreim zum Aufpassen

Bei diesem lustigen Reim müssen die Kinder aufpassen, dass sie nicht vom Kraken geschnappt werden. Spielen Sie am besten draußen und an einem warmen Tag!

MATERIAL Planschbecken, große Schüssel oder Wanne ▪ Lauwarmes Wasser ▪ Nach Wunsch: Spülschwämme (siehe Tipp)

Füllen Sie ein Becken oder eine Wanne mit dem lauwarmen Wasser. Die Kinder können drumherum Platz nehmen und ihre Hände als Schiffchen auf dem Wasser schwimmen lassen. Alternativ können die Kinder auch „Schiffchen" nutzen, die sie selbst hergestellt haben (siehe Tipp). Sie selbst sind mit ihrer Hand ganz unten auf dem Grund der Wanne und spielen den Kraken. Bei „schnappt!" versuchen Sie eine der Kinderhände zu schnappen. Wer kann seine Hand schnell genug wegziehen? Spielen Sie, solange die Kinder das spannend finden. Auch ein Kind kann einmal den Kraken spielen.

Oben auf dem Meer, da schwimmen so fein,
die Boote und Schiffchen, groß und klein.
Von unten, da kommt mit Schwipp und mit Schwapp,
ein Krake, nun ratet mal, wen er sich ... schnappt!

TIPP Als Boote können Sie natürlich Spielzeugboote oder -schiffe verwenden. Allerdings ist hier die Verletzungsgefahr eventuell groß, wenn die Kinder das Spielzeug schnell wegziehen müssen. Alternativ können Sie aus Spülschwämmen Schiffchen (einfach nur die Umrisse mithilfe einer Schere) ausschneiden. Diese Schiffe sind weich, können auf dem Wasser schwimmen und saugen sich mit Wasser voll, sodass die Kinder vielfältige taktile Erfahrungen beim Auswringen, Ausquetschen und Vollsaugenlassen sammeln können.

Förderschwerpunkt: Aufmerksamkeit · Feinmotorik · Auge-Hand-Koordination · Spielfreude

Ab 1 Jahr

Das Wasser

Ein Mitmachlied

Dieses Lied über das Wasser können die Kinder mit Bewegungen begleiten – und dabei schon eine ganze Menge über Wasser lernen.

Stellen Sie sich mit den Kindern in einen Stehkreis und singen Sie einfach zur bekannten Melodie von „Laterne, Laterne" den Liedtext. Die Kinder können ihn mit den vorgeschlagenen Bewegungen begleiten.

Dreh ich einen Wasserhahn auf,
kommt schon gleich das Wasser raus.
den Wasserhahn pantomimisch aufdrehen

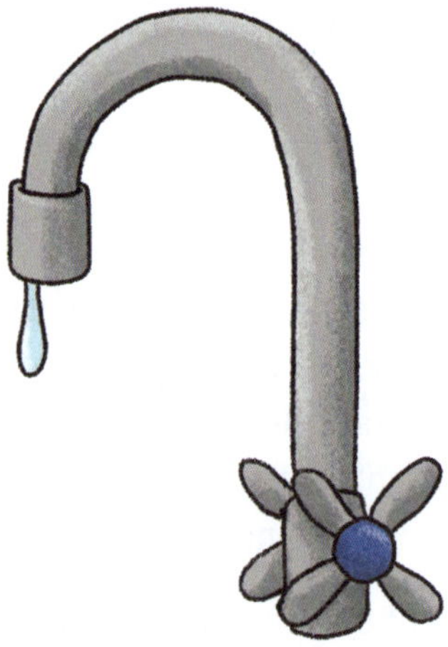

Das Wasser spritzt und macht „Plitsch, platsch",
mit den Händen „Pitsch und patsch".
Das Wasser, das Wasser,
das macht mich nass und nasser.
rhythmisch zum Text in die Hände klatschen

Stehe ich an einem See
mit Enten drauf, wie wunderschön.
Auch Frösche gibt's und Fische drin,
da möchte ich gerne wieder hin.
mit den Händen die Schwimmbewegungen der Enten nachmachen/ Wellenbewegungen

Das Wasser, das Wasser,
das macht mich nass und nasser.
rhythmisch zum Text in die Hände klatschen

Förderschwerpunkt: Naturwissen · musikalische Erfahrungen

Im Schwimmbad hab ich ganz viel Spaß,
da werden alle ganz schön nass.
Ich schwimm hin und her, denn das ist nicht schwer.
Schwimmen mögen alle sehr.
Schwimmbewegungen mit den Armen machen

Das Wasser, das Wasser,
das macht mich nass und nasser.
rhythmisch zum Text in die Hände klatschen

Im Regen laufen, das ist schön,
in Pfützen und im Matsch rumgeh'n.
Ich mag Pfützen sehr, das spritzt hin und her,
stampf drin rum, das ist nicht schwer.
das Stampfen nachmachen

Das Wasser, das Wasser,
das macht mich nass und nasser.
rhythmisch zum Text in die Hände klatschen

Ab 18 Monaten

Wer bin ich?

Wassertiere raten

Können die Kinder die Tiere in diesen Reimen erraten? Beim Raten helfen ihnen die Tierlaute, die Sie vormachen.

Ich paddle auf dem Wasser herum,
hab Federn und Flossen und einen Schnabel krumm.
Fliegen kann ich noch dazu,
ich schnattere/quake und winke dir zu.
den Reim mit Paddelbewegungen begleiten, dann das „Quak" oder „Naf" der Enten nachmachen; Lösung: Ente

Ich leb im Wasser, tief unten drin,
dort schwimme ich mit Flossen hin.
Ich kann atmen im Wasser, bin fit und schnell,
hab Schuppen statt 'nem Kuschelfell.
den Reim mit Schwimmbewegungen und lautlosem „Blubb, blubb!" begleiten; Lösung: Fisch

Ich spring sehr gern ins Wasser rein,
bin nicht sehr groß, sondern noch klein.
Hab kräftige Beinchen und mache „Quak, quak!",
trag manchmal andere Huckepack.
den Reim mit einem angedeuteten „Kopfsprung" begleiten und das Quaken nachmachen; Lösung: Kröte, Frosch

Förderschwerpunkt: Aufmerksamkeit · Feinmotorik · Auge-Hand-Koordination · Spielfreude

WEITERFÜHRENDE IDEEN MIT WASSER, SCHAUM UND REGEN

- **Schütten und Gießen:** Stellen Sie eine Station her, an der die Kinder aus Kännchen, Krügen, Gießkannen, Flaschen usw. das Einschenken, Umschütten oder Gießen üben können. Im Sommer macht das draußen Riesenspaß.
- **Schaumschläger*innen:** Stellen Sie den Kindern eine Wanne mit lauwarmem Wasser zur Verfügung und geben Sie etwas Kinderbademittel hinzu. Mit Kellen, Schöpflöffeln, Schaumlöffeln und Quirlen können die Kinder Schaum selbst herstellen.
- **Regen-Kunstwerke:** Malen Sie mit den Kindern kleine Bilder, beispielsweise einfach mit Mustern oder Pinselstrichen. Die Bilder legen Sie in den Regen und holen sie nach zwei Minuten wieder herein. Wie sehen die „Regenbilder" nach dem Trocknen aus?

Blätter und Blumen

Naturerfahrung hautnah

Blumen begegnen den Kindern von Frühling bis Herbst – und im Winter können sie die bunte Pracht in der Vase bewundern. Schon die Krippenkinder möchten gern wissen, wie Pflanzen leben, was sie „trinken oder essen“ und welche Pflanzen für uns Menschen essbar sind. Auf den nächsten Seiten finden Sie Inspirationen und Starthilfen für ein Projekt zu diesem Thema.

Ab 1 Jahr

Fünf kleine Blumen

Ein Fingerspiel zur Einstimmung

Mit diesem Fingerspiel schlüpfen die Kinder selbst in die Rolle der Blumen. Hier warten die Blumen dringend auf Regen. Ob ihr Wunsch in Erfüllung geht?

Fünf kleine Blumen, die stehen im Wind,
biegen sich hin und her, geschwind.
die Hand mit den fünf Fingern zeigen und hin und her bewegen

„Ich hab solchen Durst", sagt die erste ganz matt.
den Daumen einknicken

Der zweiten hängen schon die Blüten herab.
den Zeigefinger einknicken

Die dritte braucht dringend ein Tröpfchen Regen,
den Mittelfinger einknicken

die vierte kann sich kaum noch bewegen.
den Ringfinger einknicken

Die fünfte, die ruft eine dicke Wolke herbei
mit einem lauten Hilfeschrei.
mit dem kleinen Finger wackeln

Da prasselt der Regen auf die Blumen herab.
mit den Fingern das Regenprasseln darstellen

Die freuen sich sehr und trinken sich satt!
Schlürfgeräusche, die Hand mit den fünf Fingern wieder zeigen

TIPP Malen Sie für dieses Fingerspiel doch Blüten mit bunten Stiften auf Ihre Fingerkuppen. Toll sind auch Blumenfingerpuppen – oder einfach bunt mit Fingerfarbe angemalte Fingerspitzen.

Förderschwerpunkt: Feinmotorik · Naturwissen · Sprachbildung

Blüten drucken

Ganz einfach Löwenzahn malen

Ab 1 Jahr

Ruckzuck Löwenzahnbilder drucken: Mit dieser einfachen Idee kann sich jedes Kind ein Blumenbild gestalten und beispielsweise an die Eltern verschenken. Oder Sie machen eine kleine Löwenzahnausstellung daraus.

MATERIAL Ausrangierte Spülbürsten (am bestem mit rundem Kopf) ▪ Fingerfarben in Gelb, Weiß und Grün ▪ Schwarzes oder dunkelblaues Tonpapier ▪ Pinsel ▪ Eine echte Löwenzahnblume als Anschauungsmaterial

Die Kinder tunken die Bürste zunächst in die gelbe Fingerfarbe, dann die Bürste auf das Blatt, sodass eine bunte Löwenzahnblüte entsteht. Je dunkler das verwendete Papier ist, desto stärker ist der Kontrast zur gelben Blüte. Für weiße Pusteblumen das Ganze am besten mehrmals mit der weißen Farbe wiederholen. Mit Pinseln und grüner Farbe können die Kinder noch Stängel und Blätter ergänzen.

TIPP Sie haben keine Spülbürsten zur Hand? Sie können auch die Innenrollen (aus Pappe) von Küchen- oder Geschenkpapier an einem Ende etwa drei Zentimeter tief mehrmals rundherum einschneiden und die Enden nach außen biegen. Dann in Farbe tauchen und Blüten drucken. Auch mit dicken, runden Pinseln ist das möglich, ergibt aber ein anderes Ergebnis.

Förderschwerpunkt: Kreativitätsentwicklung · visuelle Wahrnehmung · Naturwissen

Ab
2
Jahren

Die Blumenwiese erwacht

Ein Klanggedicht mit Blumen und Klängen

Dieses Klanggedicht können Sie und die Kinder ganz oder nur zum Teil mit Klängen begleiten – je nach Alter und Interesse der Kinder. Es entführt sie auf die Blumenwiese.

MATERIAL Klanginstrumente, zum Beispiel:
Gänseblümchen: Rasseln ▪ Löwenzahn: Handtrommeln ▪ Pusteblume: Schellenkranz ▪ Nach Wunsch: Die Blumen in echt zum Betrachten

Nach einem Spaziergang auf der Wiese oder dem Betrachten von Blumen im Gruppenraum macht dieses Klanggedicht besonders viel Spaß. Die Kinder suchen sich ein Instrument aus. Jede Blume kann auch von mehreren Kindern mit gleichen Instrumenten dargestellt werden.

Kaum hat die Sonne die Augen aufgemacht,
da hört ihr es schon: Die Wiese erwacht.
alle Instrumente zusammen ganz leise

Die Gänseblümchen gähnen noch,
die Blüten öffnen sie dann doch.
nur die Gänseblümchen erklingen

Der Löwenzahn richtet sich auf,
macht jetzt seine Knospen auf.
nur die Löwenzahn-Instrumente spielen

Die Pusteblume beeilt sich sehr,
schickt ihre Schirmchen in der Luft umher.
nur die Pusteblumen erklingen

Jetzt sind alle Blumen da,
ein Blumenmeer, wie wunderbar.
alle Instrumente erklingen gemeinsam ganz laut

Und abends, wenn sie müde sind,
dann schlafen sie wieder ein geschwind.
flüstern, die Instrumente werden leiser und verklingen schließlich ganz

Förderschwerpunkt: Auditive Wahrnehmung · Musikerfahrung · Aufmerksamkeit

Wenn die bunten Blätter fliegen

Ab 1 Jahr

Ein Mitmachgedicht für den Herbst

In diesem Gedicht tanzen, fliegen, schweben und schlummern die Herbstblätter. Ob die Kinder das mit ihrem Körper nachempfinden und miterzählen können?

Wenn die bunten Blätter fliegen
und sich dabei im Winde wiegen,
das Fliegen nachmachen mit Flugbewegungen, dann hin und her wiegen

da tanzen sie auch im Sturm umher,
sausen hin und sausen her.
tanzen, die Hände hin und her bewegen

Dann sinken sie langsam zu Boden, ganz leise,
sind müde jetzt von ihrer Reise.
flüstern, die Kinder lassen sich langsam auf den Boden sinken, machen vor, wie die Blätter schlafen und schnarchen

TIPP Verteilen Sie, sofern vorhanden, Herbstlaub auf dem Boden. So haben die Kinder noch einen akustischen Reiz durch das Geraschel und können sich zwischen die Blätter legen. Sie können den Text für andere Jahreszeiten umwandeln in „Wenn die kleinen Schirmchen fliegen"/ „Wenn Blütenblätter fliegen" und für den Winter in „Wenn die kleinen Flocken fliegen".

Förderschwerpunkt: Körperwahrnehmung · Naturwissen · Sprachbildung

WEITERFÜHRENDE IDEEN MIT BLÄTTERN UND BLUMEN

- **Blätterwanne:** Füllen Sie Herbstlaub in eine Wanne. Wer möchte darin baden? Sie können darin auch kleine Schätze verstecken, die die Kinder herausfischen und erfühlen können.
- **Blätterpusten:** Legen Sie ein trockenes Herbstblatt oder eine Blüte auf den Tisch. Wer kann es wegpusten?
- **Blüten legen:** Malen Sie mehrere einfache Blüten auf laminierte Blätter. Können die Kinder die Blütenblätter mit Knöpfen, Pompons oder Märchenwolleknäueln belegen?
- **Kapuzinerkresse:** Diese großen Samen in Töpfen mit etwas Erde aussäen und sich später über die großen roten, gelben und orangefarbenen (essbaren) Blüten freuen.

IMPRESSUM

Bibliografische Information der Deutschen Bibliothek
Die Deutsche Bibliothek verzeichnet diese Publikation in der Deutschen Nationalbibliografie; detaillierte bibliografische Daten sind im Internet über http://dnb.ddb.de abrufbar.

1. Auflage 2024

Text: Suse Klein
Illustrationen: Nadine Hasselwander

Satz & Gestaltung: Katrin Kleinschrot

Druck und Bindung: Grafisches Centrum Cuno, Calbe
ISBN 978-3-7806-5213-3